iMac

CADILLAC

SALMIERI

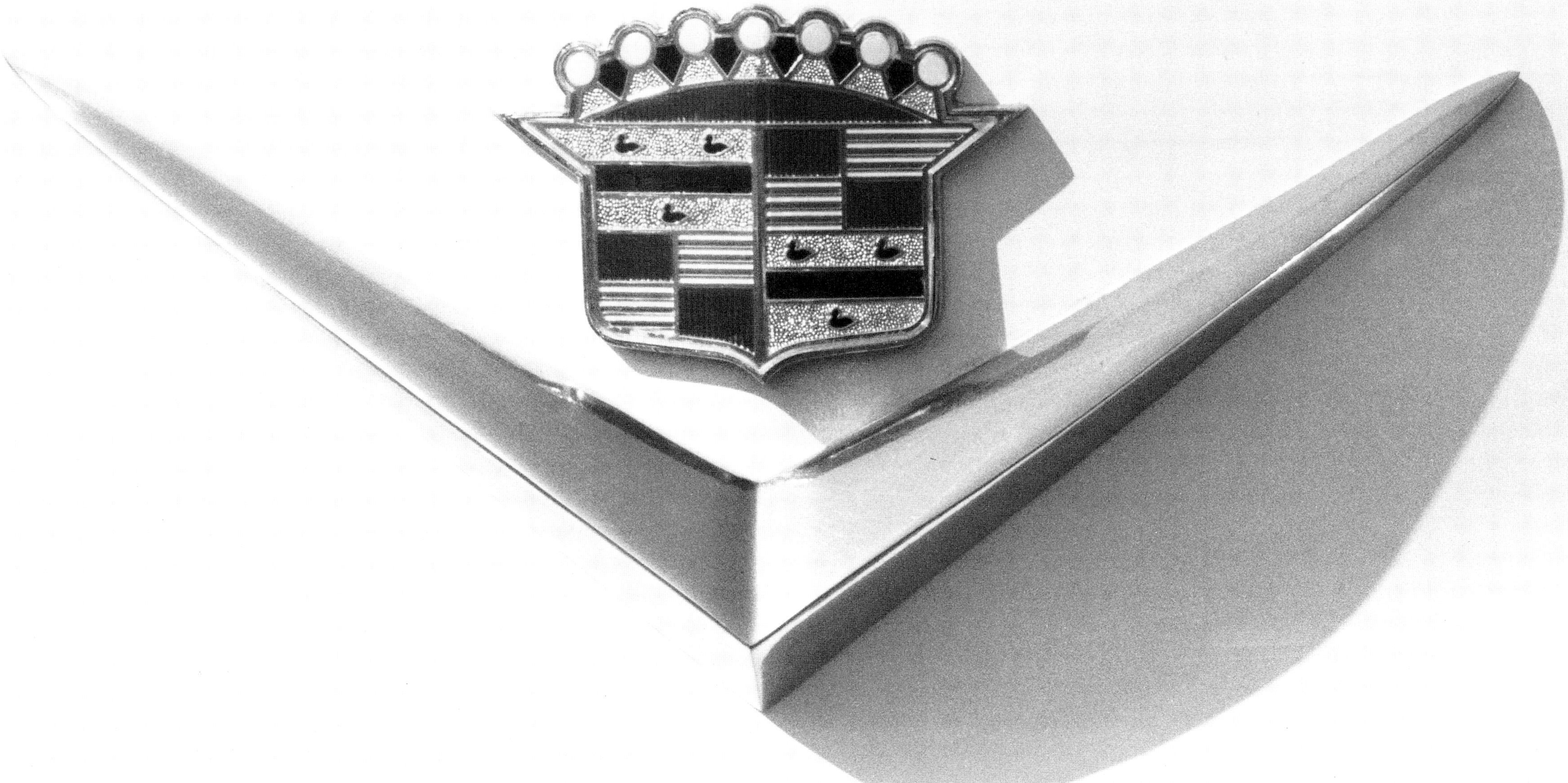

CADILLAC

PHOTOGRAPHIEN VON STEPHEN SALMIERI
HANDKOLORIERUNG VON SYDNIE MICHELE SALMIERI
TEXT VON OWEN EDWARDS
ÜBERSETZUNG AUS DEM AMERIKANISCHEN VON MATTHIAS WOLF

TASCHEN

Zuerst erschienen 1985 in den USA bei: Rizzoli International
Publications, Inc., 597 Fifth Avenue, New York, NY 10017

© 1985 Rizzoli International Publications, Inc.
Photographs © 1985 Salmieri

© 1987 Benedikt Taschen Verlag GmbH
Balthasarstraße 79 · D-5000 Köln 1

Kein Teil des Buches darf nachgedruckt, photokopiert oder in
irgendeiner anderen Weise übertragen werden, ohne die
ausdrückliche Genehmigung des Copyright-Inhabers.

ISBN 3-8228-0056-2

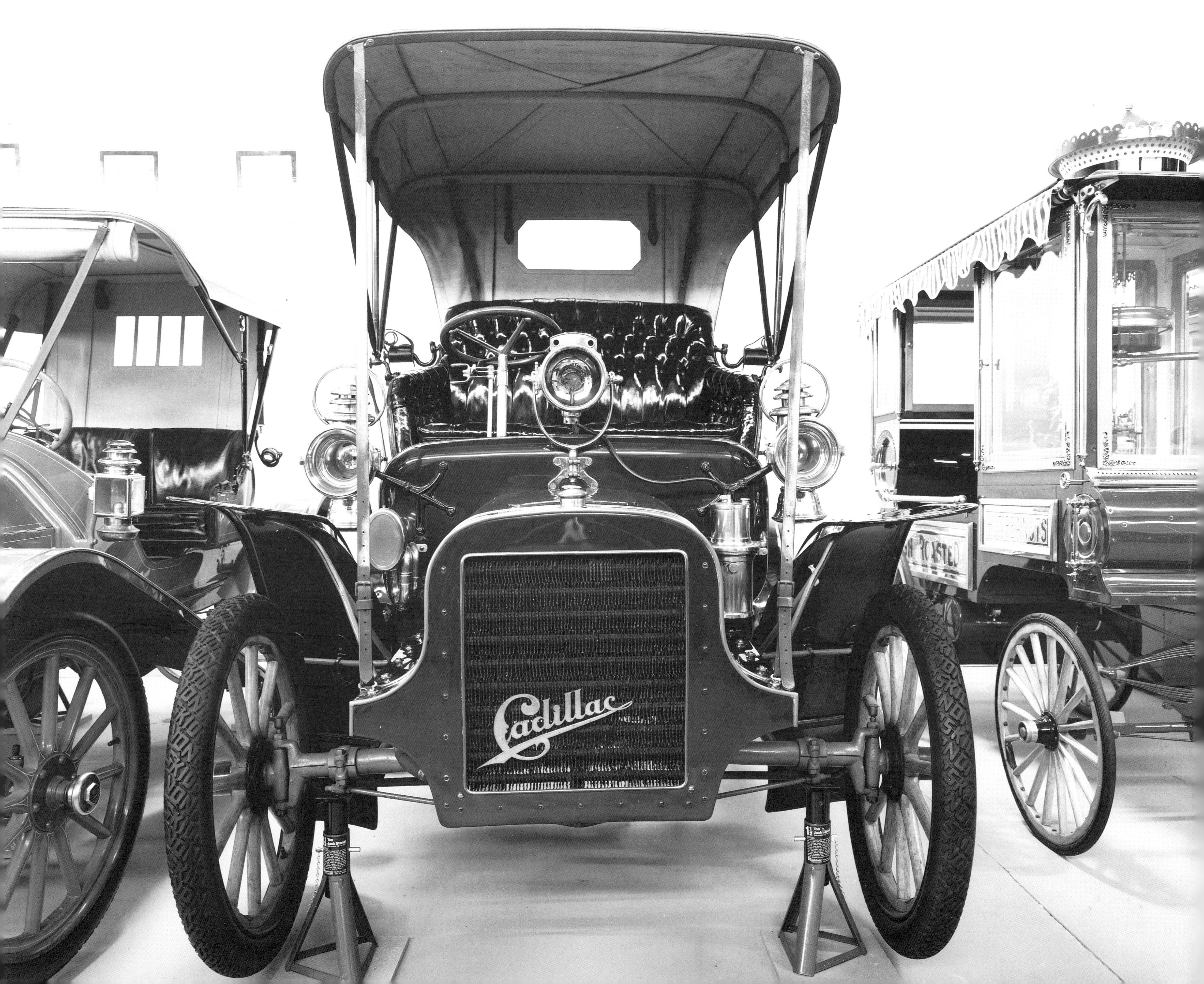
Cadillac
ROASTED

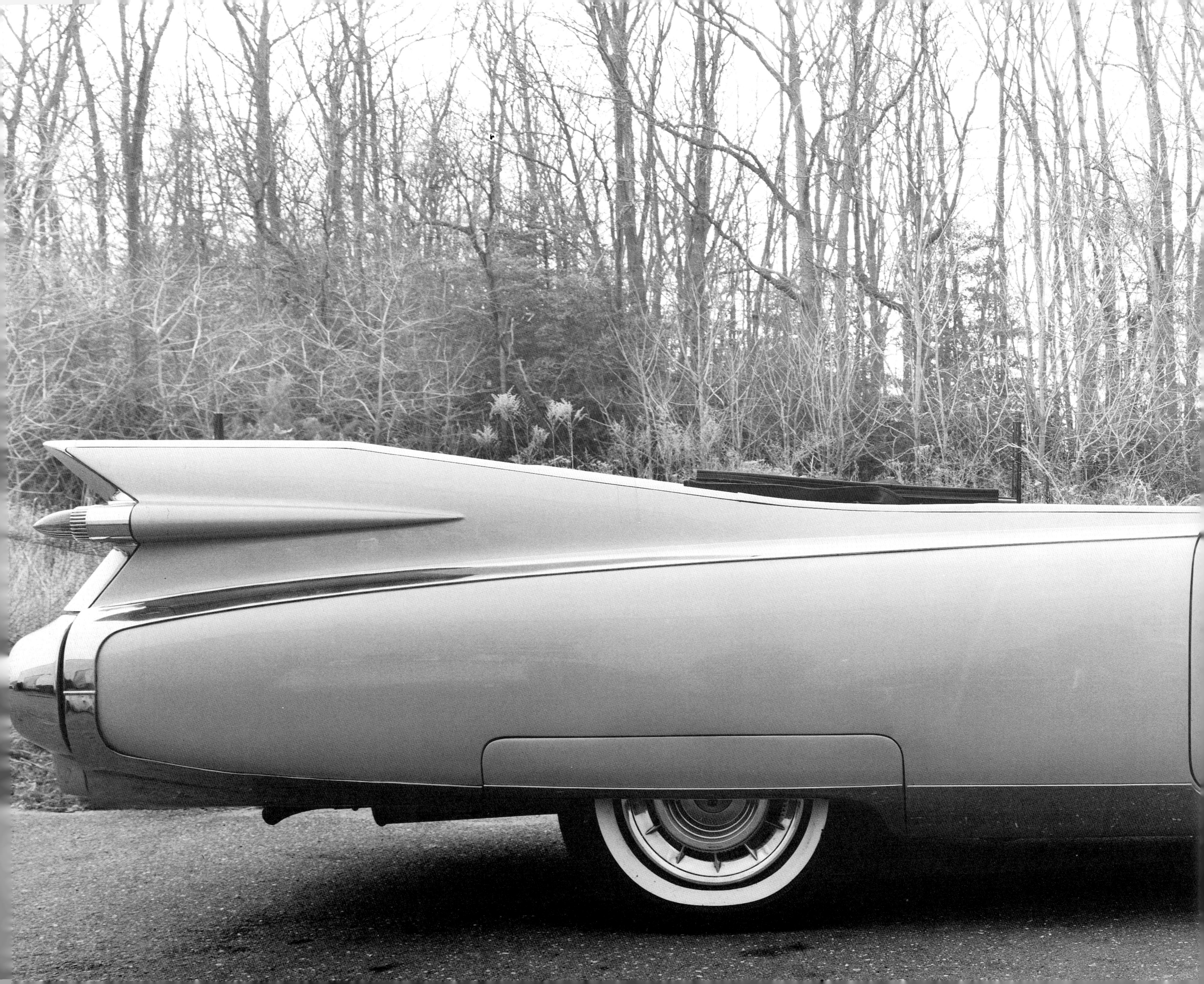

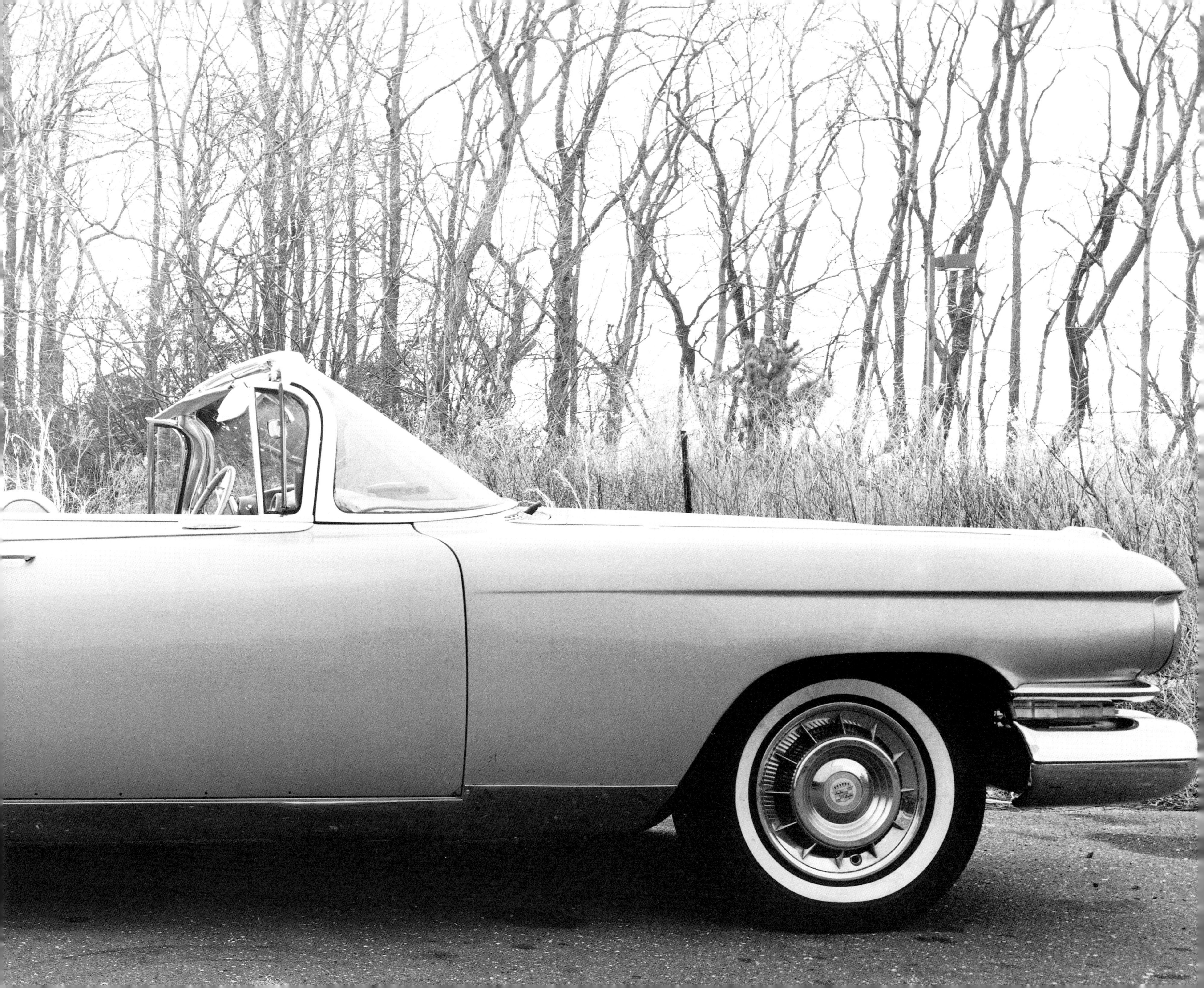

EINE AMERIKANISCHE IKONE

Mein Vater hatte nie einen Cadillac. Irgendwie prägte ihn das und natürlich auch uns, denn gerade von dieser Marke ging eine ganz bestimmte Symbolkraft aus. In den fünfziger Jahren, in einer Kleinstadt mit gepflegten Vorgärten und ulmenbestandenen Straßen, fünfundvierzig Minuten von Wall Street entfernt, gab es ein entscheidendes Kriterium für gesellschaftliche Akzeptanz: Cadillac-Besitzer sein oder nicht sein, das war hier die Frage. Zu wissen, wessen Familie unter meinen Freunden einen Cadillac hatte und welche keinen hatte, galt als Basisinformation, darüber mußte man genauso Bescheid wissen wie über die Religionszugehörigkeit.

Wir waren wohlhabend genug, uns einen Cadillac zu leisten, oder zumindest besaßen wir eine gehörige Portion Optimismus, die uns erlaubte, uns eine Zukunft der unbegrenzten Möglichkeiten auszumalen, was ja auch eine Art von Wohlhabenheit bedeutete. Sich in Schulden zu stürzen, um das Nonplusultra auf dem Automobilmarkt zu erwerben, war ein Ausdruck von Hoffnung, eine Loyalitätserklärung gegenüber einem Land, das die Depression überstanden hatte und nun wieder zu neuen

Horizonten aufbrach; in einem funkelnagelneuen Cadillac zu Hause vorzufahren war genauso rechtschaffen, wie Kirchensteuern zu zahlen, und genauso patriotisch, wie vor der Flagge zu salutieren. Was gut für General Motors ist, ist gut für Amerika, sagte unser Verteidigungsminister, und wenige zweifelten an der Richtigkeit seiner Behauptung.

Einmal kamen wir tatsächlich ganz nah an die Nobelmarke heran. Gegen Kriegsende besaßen wir einen schwarzen viertürigen La Salle, den Cadillac der kleinen Leute, Baujahr '36 oder '37, und auf der Heckscheibe prangte unsere Benzin-Rationierungsmarke. Wenn ich mich gut betragen hatte, durfte ich manchmal in die Stadt fahren; da stand ich dann, das Auto am Straßenrand geparkt, hatte den Arm um die Strebe des Ausstellfensters gelegt und kam mir vor wie ein richtiger FBI-Agent. Es war eine Zeit, wo das Straßenbild noch von Giganten beherrscht wurde. In der Erinnerung haften geblieben ist mir vor allem die koloßartige Massigkeit des Wagens, doch seine Größe hatte – ebenso wie die ruhige, grenzenlose Umgebung unserer Nachbarschaft, wie mein Vater – etwas Beruhigendes, gewährte gleichsam den Schutz einer Autorität. Der La Salle wurde während seiner

1940 Coupe; Newport, Rhode Island

insgesamt vierzehnjährigen Existenz zwar von Cadillac Motors produziert, besaß aber dennoch immer eine ganz eigene Identität. Autohistoriker machen diesen Umstand mit dafür verantwortlich, daß er sich auf dem Markt nie richtig hat durchsetzen können, aber es ist durchaus möglich, daß mein Vater ihn gerade wegen seines eigenen Charakters kaufte. Egal aus welchem Haus er stammte, ein Cadillac war es jedenfalls *nicht*. (Wie sich mein Vater den Wagen, selbst gebraucht, leisten konnte, bleibt mir bis heute ein Rätsel; in den Jahren der Depression war es ihm ziemlich schlecht gegangen, und mit seiner Kreditwürdigkeit kann es auch nicht allzuweit her gewesen sein; aber wie auch immer, er hatte ihn gekauft, und ich vermute, daß ihm das, was der Wagen *nicht* war, mehr bedeutete als das, was er war.)

Nach dem Krieg hatte man die La-Salle-Produktion eingestellt, und ab etwa 1947 reihte sich mein Vater dann unwiderruflich in die Kategorie der Nicht-Cadillac-Besitzer ein: Eines schönen Frühlingstages kam er mit einem dunkelblauen Chrysler vorgefahren, später folgten ein Mercury-Kabrio und hintereinander diverse Buick-Kabrios;

1950 Coupe de Ville; Santa Monica, Kalifornien

1955 Coupe de Ville; Amhurst, Massachusetts

1962 Coupe de Ville; Beverly Hills, Kalifornien

den dramatischen Höhepunkt dieser Serie bildete schließlich ein schwerfälliger grüner Roadmaster mit Dynaflow-Getriebe.

   Es ist zu spät, meinen Vater danach zu fragen, warum wir nie einen Cadillac hatten, aber ich glaube, ich weiß warum. Für ihn gab es wahrscheinlich nur zwei Kategorien von Cadillac-Besitzern: jene, die gut situiert waren, wie man es in Vorstadtkreisen zurückhaltend auszudrücken pflegte, und jene, die besser situiert dastehen wollten, als sie in Wirklichkeit waren. Zur ersten Kategorie zu gehören wäre eine Frage der Zeit und der Glücksumstände gewesen; zur letzteren zu zählen verbot sich von selbst, war verachtenswert, „typisch" (ein Wort, das unweigerlich Mißbilligung ausdrückte, sobald es mit einer kurzen Kopfbewegung und himmelwärts verdrehten Augen geäußert wurde). So blieb es unserer Familie ein Leben lang versagt, gleich dem übrigen Amerika nach einem Wagen zu gieren, den seine Herstellerfirma mit dem Etikett „Standard of the World" versehen hatte. Nun besteht wahrscheinlich die älteste Tradition des Vermarktens darin, übertriebene Behauptungen über ein Produkt aufzustellen. Jeder beliebige

1958 Fleetwood Brougham; Newport, Rhode Island

1936 Coupe; Beverly Hills, Kalifornien

1940 Convertible; Beverly Hills, Kalifornien

Artikel, von Motoröl bis Sonnenöl, läßt sich als Weltstandard bezeichnen – es ist genau die Art von nichtssagendem Begriff, wie ihn Werbetexter lieben. Soll die Behauptung aber wenigstens irgendein Gewicht bekommen, muß der Hersteller eine von zwei Bedingungen erfüllen: Entweder er schafft ein Produkt, das tatsächlich das beste ist, oder er überflügelt die Konkurrenz durch den geballten Einsatz von Kapazitäten, so daß das Produkt allein in Ermangelung von etwas Besserem zum Standard wird. Durch eine dieser beiden Strategien, kombiniert mit der Mixtur des Fertigungsprozesses, jenem ungeschriebenen und mysteriösen Rezept an Zutaten, gelingt es dann bisweilen, daß ein bestimmtes Produkt tatsächlich und unbestreitbar Standardqualitäten erreicht.

 In ganz seltenen Fällen kann dieses Produkt sogar eine Dimension annehmen, die weit mehr beinhaltet als die Tatsache seiner bloßen Existenz oder das Spektrum seiner Verwendbarkeit: Es kann sich zu einem Fetisch auswachsen, zu einem nahezu magischen Objekt, das unserer psychischen Verfassung ebenso entgegenkommt wie unseren praktischen Bedürfnissen. In diesem Fall wird das Produkt nicht nur zum

1941 Sedan; Watts, Kalifornien

Standard der Welt, sondern zum Maßstab unseres Wohlbefindens. Es ist ein unerklärlicher Vorgang der Konsekration, von dem alle Hersteller träumen; die besten Firmen arbeiten auf dieses Ziel hin, wenn auch nicht erklärtermaßen, so doch in der stillen Hoffnung, es zu erreichen. Aber bisher hat niemand herausgefunden, wie es funktioniert, und wenn der Fall tatsächlich eintritt, kann sich niemand recht erklären, wieso.

    Der Cadillac ist, ungeachtet seiner Stärken und Schwächen als Automobil, ein solcher Fetisch, vielleicht der wirkungsvollste, den die amerikanische Industrie je hervorgebracht hat. Über die symbolische Bedeutung des Autos in Amerika ist viel geschrieben worden, und selbst die verrücktesten Traktate zu diesem Thema entbehren nicht einer gewissen Glaubwürdigkeit. Das Automobil ist – und darin beruht seine Einzigartigkeit – das Roß, das uns zum Gral bringen soll, und zugleich der Gral selbst: Beförderungsmittel und Ziel in einem.

    Im Auto suchen wir nach unserer Identität, und manchmal finden wir sie. Selbst in diesen Zeiten, die doch so sehr vom Prinzip der Nützlichkeit diktiert werden, vermag das Auto

1928 Fleetwood; Los Angeles, Kalifornien

einer Person durchaus etwas über ihren Charakter auszusagen. Wenn man heute auch nicht mehr uneingeschränkt behaupten kann – wie vielleicht noch in den fünfziger Jahren –, daß wir sind, was wir fahren, so spielen bei unserer Entscheidung für eine bestimmte Automarke, und sei sie noch so zweckorientiert, doch immer irgendwelche Emotionen mit, die etwas von unserem Selbst offenbaren. Selbst heute, wo das Es und das Ego den herben Erfordernissen der Wirtschaft und der Leistungsgesellschaft unbarmherzig unterworfen sind, ist es schlechthin undenkbar, daß ein amerikanischer Autobesitzer sich nicht in irgendeiner Weise gefühlsmäßig mit seinem fahrbaren Untersatz identifiziert; ein solcher Fahrer oder eine solche Fahrerin wäre genauso exzentrisch wie ein Millionenerbe, der in Lumpen herumläuft.

Aber vielleicht entspringt diese Idee auch nur dem Wunschdenken eines Mannes, der in dem Glauben aufgewachsen ist, das *Wesen* der Männlichkeit manifestiere sich gerade in der Liebe zum Auto, diese sei nahezu gleichbedeutend mit der Liebe zu Frauen und beide Arten von Liebe hätten sehr viel miteinander gemein. Die Realität von heute sieht freilich trüber aus. Heutzutage sind die

1959 Eldorado Convertible; Asbury Park, New Jersey

1949 Fleetwood Special: Woodstock, New York

1949 Sedan; Santa Monica, Kalifornien

meisten Autos unattraktive Kreaturen, sowohl in ihrer Erscheinung als auch von ihrem Charakter her. Was wir an ihnen schätzen, sind ihre moralischen Vorzüge, nicht ihr Pfiff und ihre Arroganz. Ernüchtert durch arabische Ölscheichs und „kleine Japaner", zerrüttet von Trägheit und Habgier, jenen kapitalistischen Todsünden, haben wir unsere hochfliegenden, grandiosen Autoträume begraben und den Rückzug angetreten in das beschauliche Dasein automobiler Mittelmäßigkeit. Damit aber ist, wahrscheinlich ein für allemal, das schwindelerregende goldene Zeitalter Detroits zu Ende gegangen und die Ära eines vierrädrigen Puritanismus angebrochen, der das Auto von seinem einstigen zentralen Platz in unseren Herzen und Sinnen verdrängt hat.

Wenn dieser Wandel noch nicht vollständig begriffen wurde, wenn das Auto in unseren romantischen Phantasien nach wie vor eine entscheidende Rolle spielt, so liegt das an jenem übermächtigen automobilen Liebesrausch, der die fünfziger Jahre charakterisierte, ja, sie zu dem machte, was sie waren. Was heute an Autoleidenschaft auch immer noch vorhanden sein mag, es ist zum großen Teil nichts weiter als

1946 Fleetwood; Hershey, Pennsylvania

ein Nachbeben des Detroitschen „Urknalls", der sich in jenem Jahrzehnt der unbegrenzten Möglichkeiten ereignete. Von jeher war das Auto ein integraler Bestandteil des American Dream gewesen, doch in den Fünfzigern sollte es diesen Traum auf seiner höchsten Stufe symbolisieren. Die Entwicklung seiner Formen folgte dem Rhythmus einer Symphonie: Das furiose Finale war eine Ansammlung der erstaunlichsten Extravaganzen, von Käufern wie Kritikern gleichermaßen enthusiastisch gefeiert. Die Kunst des Designers wurde zu einem Spiel, bei dem es darum ging, bis zu welchem Extrem sich Stahl verformen ließ, bevor die ästhetische Schmerzgrenze des Publikums erreicht war.

Nichts vermochte diese Epoche besser zu illustrieren als der Cadillac, die größte Nummer aus Detroit. Gegen Ende der Fünfziger war er so sehr zum Inbegriff der Luxuslimousine geworden, daß er geradezu charismatische Züge annahm, und an dieser Aura hat sich bis heute nichts geändert, auch wenn der Wagen als solcher, ins gesetztere Alter gekommen, konservativer geworden ist.

Seit dem Beginn des Jahrhunderts hatte sich die Cadillac Motor Company auf dem Automobilmarkt mit Produkten durchzusetzen gesucht, die Prestige und Wohlstand

1947 Coupe de Ville; Beverly Hills, Kalifornien

1930 Roadster; Long Beach, Kalifornien

1935 La Salle Convertible; Atlanta, Georgia

symbolisierten. In diesen olympischen Höhen herrschte jahrelang eine erbitterte Konkurrenz: Die von Packard, Duesenberg, Pierce, Lincoln und anderen Firmen produzierten Nobelkarossen wetteiferten untereinander um den Titel des größten und elegantesten Wagens Amerikas. Anläßlich der Weltausstellung in Chicago 1933 baute Cadillac ein phantastisches V16-Fließheck-Coupé mit modernen Stromlinienformen und der revolutionären Neuerung eines im Kofferraum versteckten Reserverads, doch dieses rassige Modell vermochte den noch gewagteren Pierce Silver Arrow nicht zu übertrumpfen. Immerhin setzte sich ab da bei den Cadillac-Modellen ein Trend zu luxuriöser Ausstattung und solider Verarbeitung durch, der selbst dann noch beibehalten werden sollte, als die Hauptkonkurrenten ihre Produktion einstellten und der Cadillac somit seine Spitzenposition ungefährdeter behaupten konnte.

Der Yves Saint Laurent bei Cadillacs Dior war ein Mann namens Harley Earl. Als erfolgreicher Stylist in Los Angeles (wo bereits in den frühen zwanziger Jahren das Automobil unumschränkter Herrscher war) wurde er 1927 beauftragt, den La Salle zu entwerfen, und sollte schließlich zum

1957 Eldorado Brougham; Point Pleasant, New Jersey

1963 Coupe de Ville; New York City

1961 Coupe de Ville; Route 1, Kalifornien

Chefdesigner von General Motors aufsteigen, eine Position, die er bis zu seiner Pensionierung in den sechziger Jahren innehatte. Earl entwickelte als erster Designer die Idee von der einheitlichen Gesamtkonzeption eines Wagens, und die klassische Methode, mit Tonmodellen zu arbeiten, geht ebenfalls auf seine Initiative zurück. Henry Ford mag dem amerikanischen Auto einen demokratischen Anstrich gegeben haben, doch Harley Earl erhob es in den Rang eines Kunstobjektes, das jeder verstehen, kritisieren, beeinflussen (durch Kauf bzw. Nicht-Kauf) und Jahr für Jahr begeistert sammeln konnte.

   Als Maßschneider für Automobile neigte Earl dazu, in einem Wagen eine persönliche Aussage – des Designers wie des Käufers – zu sehen. Und so erklärt es sich, daß viele der von ihm konfektionierten Modelle – von den rassigen La Salles über die haifischmäuligen Buicks bis zum gefälligen '55er Chevy – auf die Phantasien der Amerikaner einen starken Einfluß ausübten. Auch mit anderen GM-Fabrikaten hatte Earl beträchtlichen Erfolg, doch seine ganze Verwegenheit und sein Elan kamen nirgends so sehr zur Geltung wie beim Cadillac, seinem Opus magnum.

1932 Coupe de Ville; Santa Monica, Kalifornien

1953 Sedan; New York City

1958 Fleetwood Special; Santa Barbara, Kalifornien

Am Ende des Zweiten Weltkriegs sorgten zwei Faktoren dafür, daß dem Cadillac ein Prestige zuteil wurde, das geradezu mythische Dimensionen annahm. Da war zum einen die überschwengliche Begeisterung des neubeginnenden Lebens, nach Jahren der Ungewißheit und des Umbruchs, und diese wiederum weckte das Verlangen nach einer Rückkehr zur Opulenz, dem eine Nobelmarke wie Cadillac Rechnung tragen konnte. Als 1947 aufgrund der boomartig angestiegenen Nachfrage 96 000 Cadillac-Bestellungen unberücksichtigt bleiben mußten, beschloß man bei General Motors, die profitträchtigste Abteilung des Werkes mit dem größten Kontingent an – damals noch rationierten – Stahlvorräten auszustatten und ihr außerdem die entsprechenden finanziellen Mittel zur Verfügung zu stellen, um den Wagen noch aufwendiger zu gestalten – und damit noch unwiderstehlicher zu machen.

Diese Investition an Vertrauen in die Zukunft des Wagens sollte sich nicht nur auszahlen, sondern gar rückblickend als eine Sternstunde in der Geschichte des Karosserie-Designs erweisen – vergleichbar vielleicht der Entscheidung Papst Julius' II., Michelangelo mit der Ausmalung der Sixtinischen

1978 Grandeur Opera Coupe; Beverly Hills, Kalifornien

1948 Coupe de Ville; Bethlehem, Pennsylvania

1940 Fleetwood Convertible; Hershey, Pennsylvania

Kapelle zu beauftragen. Earls Sixtina war der Cadillac, d. h. ein Medium, das ihm erlaubte, seine Vision vom Paradies zu materialisieren, und zwölf Jahre lang arbeitete er daran mit der Leidenschaft des Rechtgläubigen.

   Kurz vor Pearl Harbor hatte Earl auf einem Militärflugplatz bei Detroit zufällig ein frühes Entwicklungsmodell der Lockheed P-38 gesehen, ein revolutionäres Kampfflugzeug, entworfen von Clarence Johnson. Mit ihren stromlinienförmigen Triebwerkverkleidungen und dem doppelten Heckholm unterschied sich die P-38 radikal von allen anderen Flugzeugtypen, und für Earl war dieses Erlebnis eine göttliche Offenbarung. Das Design eines mit heroischen Assoziationen besetzten Flugzeugtyps direkt auf eine Autokarosserie zu übertragen war natürlich eine völlig verrückte Idee. 1948 wuchsen dem Cadillac die ersten Heckflossen – zwar noch diskret, aber bereits unmißverständlich als solche zu erkennen. Im Grunde waren es nicht mehr als kleine ornamentale Ausbuchtungen an den hinteren Kotflügeln für die Rückleuchten, doch damit setzte die Evolution zu jener Großspurigkeit ein, die das Wort *Cadillac* zum Synonym für genießerische Arroganz des Erfolgs werden ließ.

1951 Convertible; Manasquan, New York

In den fünfziger Jahren, Amerikas „elisabethanischem Zeitalter" (so Stephen Bayley in seinem Buch *Harley Earl and the Dream Machine*), begann der Cadillac, sich von dem Image internationaler Eleganz zu lösen, das Detroits Nobelkarossen seit den zwanziger Jahren geprägt hatte, und wurde schließlich zur Apotheose des amerikanischen Autos schlechthin, zur Verkörperung amerikanischer Geisteshaltung, zum Inbegriff des neureichen Amerika.

Der Cadillac entwickelte sich zu einem Phänomen, das – wie die New York Yankees, Filme von Cecil B. DeMille oder das Fernsehen – Neutralität ausschloß: Entweder man liebte Cadillacs oder man haßte sie, aber man blieb ihnen gegenüber nicht indifferent. Mehr als irgendein anderes Produkt symbolisierte der Wagen einen way of life. Einen Cadillac zu fahren oder, wie im Fall meines Vaters, *keinen* zu fahren kam einer geradezu politischen Aussage gleich. Mit seinem Wagen erklärte der Cadillac-Besitzer: „Ich glaube."

Wer in den Fünfzigern einen Cadillac kaufte, gab damit zu verstehen, daß er die Fünfziger und alles, was dieses Jahrzehnt repräsentierte, uneingeschränkt guthieß. So geriet Parteinahme für diese Marke oft zur bedingungslosen

1946 Fleetwood; Fishkill, New York

Loyalität. In den meisten amerikanischen Familien gibt es fast immer irgend jemanden, einen reichen Onkel oder einen permanent vor dem Bankrott stehenden Cousin, der darauf schwört, daß er „nie im Leben etwas anderes kaufen würde als einen Cadillac". Dienstmädchen fanden es aufregend, bei ihren Herrschaften aus der Mittelklasse die Fenster von nagelneuen, chromblitzenden Cadillacs putzen zu dürfen. Leute, die in Wohnwagen lebten, verzichteten freiwillig darauf, sich eine feste Behausung zuzulegen, nur um das neueste Caddy-Modell kaufen zu können. Bankiers akzeptierten den Cadillac als ebenso notwendiges wie begehrenswertes Instrument ihres Gewerbes. Ob arm oder reich, der Cadillac-Besitzer war davon überzeugt, daß eine Welt, die diesen Wagen – und ihn selbst – hervorgebracht hatte, die beste aller denkbaren Welten sein mußte.

In dem Maß, wie Earls Kreationen immer extravagantere Formen annahmen und der Cadillac sich tendenziell zu halber Fahrbahnbreite hin entwickelte, verschärfte sich auch die Polarisierung zwischen seinen Anhängern und seinen Gegnern. Was bedeutete es schon, daß 1962 ein prominenter englischer Fachbuchautor schrieb, der Cadillac sei „das

1974 Fleetwood Eldorado Convertible; Venice, Kalifornien

1953 Superior Landaulet; Venice, Kalifornien

1960 Landau, Venice, Kalifornien

ideale Fahrzeug für jemanden, der mit hundert Meilen pro Stunde lautlos dahingleiten möchte", und daß die europäischen Autozeitschriften das Fabrikat mit Lobeshymnen überhäuften – in den Augen seiner erklärten Gegner war der Cadillac nichts weiter als ein Produkt, bei dem lediglich mit Material herumgeaast wurde und das keinerlei praktische Funktion besaß. Jemand, der einen, sagen wir, Morgan, MG TC oder VW-Käfer fuhr, mußte im größten und protzigsten Exemplar aus der Kategorie der „unverschämten Kutschen" (so der Autor John Keats) zwangsläufig Teufelswerk sehen.

Diese Aversion hatte teils ästhetische, teils quasireligiöse Ursachen (der Cadillac verkörperte die etablierte Kirche, die kleineren, effizienteren Modelle die protestantische Reformation), aber vieles daran war auch reiner Snobismus. Nun ist nichts so leicht, als einen Snob der Lächerlichkeit preiszugeben. Ich zum Beispiel gehörte damals zu den hundertprozentigen Sportwagen-Freaks und erinnere mich an ein Radiointerview mit dem legendären Ferrari-Rennfahrer Juan Fangio: Wenn er sich unter allen Marken der Welt frei entscheiden könnte, fragte ihn der Interviewer, welchen

1958 Caddy Camper; Woodstock, New York

1952 Fleetwood Special; Woodstock, New York

1956 Coupe de Ville; Lake Tahoe, Nevada

Wagen würde er wählen, um einmal quer durch die USA zu fahren. Die Antwort, die ich mit Spannung erwartete, kam wie aus der Pistole geschossen: „Einen vollklimatisierten Cadillac natürlich." Bestürzung! Entsetzen! Verrat! Das Fachurteil eines Mannes, der den Fahrkomfort eines Wagens weiß Gott einzuschätzen wußte – aber die reinste Blasphemie für alle fanatischen Vertreter der Anti-Caddy-Liga!

Beim Rennen von Le Mans 1950 startete der Amerikaner Briggs Cunningham auf zwei Cadillac-Modellen, einem serienmäßigen Coupé de Ville und einem offenen Rennwagen mit Spezialverkleidung, aber Chassis und Motor in Cadillac-Standardausführung (von der französischen Presse als „Le Manstre" apostrophiert). Wir Snobs brachen damals natürlich in Hohngelächter aus, und das mittelmäßige Abschneiden der beiden Fahrzeuge war wie Wasser auf unsere Mühlen; doch Cunninghams Vertrauen in hochgetrimmte Cadillac-V8-Motoren sollte sich auszahlen, denn später gelang es ihm, einen überaus erfolgreichen Sportwagen zu produzieren, indem er die Energie des Cadillac mit der Karosserie und dem Chassis englischer Hersteller kombinierte.

1968 Coupe de Ville; Peekskill, New York

Freilich, die Verachtung der Snobs stand in keinem Verhältnis zu dem, was die Cadillac-Fanatiker ihrem Idol an Vergötterung entgegenbrachten. Nach und nach wurde der Wagen zum Symbol des New American Dream – nicht vom Reichsein, sondern vom Reich*werden* (der Traum als solcher war natürlich nicht neu, nur erreichte er jetzt eine nie dagewesene Popularität).

Zwischen dem Cadillac und seinen Käufern entspann sich nunmehr ein ritualisiertes Beziehungsgeflecht, das man als spiralförmige Reziprozität beschreiben könnte: Der Wagen wurde zunehmend ausgefeilter und phänomenaler, um sich seinen Anhängern als noch begehrenswerter zu präsentieren, das Publikum reagierte seinerseits mit einer gesteigerten Euphorie, die die Designer wiederum zu noch ausgefalleneren Ideen anspornte. Aufgrund solcher Evolutionsprozesse sind in der Tierwelt die exotischsten Kreaturen entstanden, wie der Flamingo, der Mandrill und der Sternmull. In der Autowelt erreichte die Entwicklungsspirale eine schwindelerregende Höhe, als General Motors und Harley Earl 1959 den Eldorado kreierten.

Der '59er war in jeder Hinsicht das absolute Nonplusultra. Seine Heckflossen, akzentuiert durch doppelte

1973 Fleetwood; New York City

Stromlinienrückstrahler, schwollen zu erstaunlichen Dimensionen an. Die doppelten Scheinwerfer (eine beim '55er Eldorado Brougham eingeführte Neuerung, die Schule machen sollte), der mächtige Kühlergrill und die ausladenden Stoßstangen mit vorstehenden Gummipuffern erweckten den Eindruck, als könne der Wagen Asphalt verschlingen, und zwar gleich fahrbahnweise. Vielleicht war das '59er Modell als Provokation gedacht, um die altbewährte, normale, aber eben nicht total bedingungslose Cadillac-Klientel zu vergraulen; jedenfalls schien es, als hätten sich Harley Earl und seine fröhlichen Mitstreiter aus der Styling-Abteilung mit dieser Kreation etwas einfallen lassen, das tieferer Überzeugung und größeren Muts bedurfte. Vielleicht ahnte Earl auch, daß sich ein neues, sachlicheres Zeitalter ankündigte – immerhin kreiste der Sputnik schon seit zwei Jahren um die Erde – und daß der Moment gekommen war, sein ganzes Repertoire ein letztes Mal zu voller Blüte zu entfalten.

   Nie wieder ist ein Auto seinem Namen so sehr gerecht geworden wie der anmaßende, verwegene und exzentrische Eldorado, jene glitzernde Verkörperung aller Detroitschen

1971 Coupe de Ville; New York City

1957 Sedan de Ville; Philadelphia, Pennsylvania

1959 Sedan de Ville, New York City

Traumland-Visionen. Wenn der Cadillac der Heilige Gral war, dann war der Eldorado das Heiligste vom Heiligen. Um ein solch grandioses und extravagantes Automobil überhaupt begreifen zu können, mußte man schon mehr aufbringen als die übliche Begeisterungsfähigkeit.

In Ciminos Film *The Deer Hunter* spielt Robert DeNiro einen Stahlarbeiter und Jäger, der in einem Wohnwagen lebt und ein weißes Coupé de Ville, Baujahr 1959, fährt. Einige Tage vor seiner Einberufung nach Vietnam macht er mit seinen Freunden eine Tour in die Berge, und einer von ihnen sagt: „Michaels Wagen gefällt mir, in dem fühle ich mich sicher." Ich nehme an, daß sich diese Bemerkung nicht auf die Verkehrssicherheit bezieht, sondern ein Gefühl von allgemeiner Geborgenheit ausdrückt. Wenn wir im ausgepolsterten Gehäuse eines Cadillac-Inneren saßen, waren wir doppelt unangreifbar: Geschützt von der Karosserie, bewegten wir uns zugleich im Schutze Amerikas – ein unvergleichlicher Luxus. Das Land war groß, und entsprechend groß war das Auto, und in beiden – so mußten wir den bedenkenlosen Verbrauch an Edelmetallen interpretieren – würden wir uns ewig sicher fühlen können.

1982 Seville Elegante; New York City

1974 Coupe de Ville; New York City

1971 Sedan; New York City

1974 Coupe; New York City

1972 Coupe; New York City

1973 Sedan; New York City

Die Metapher hatte Allgemeingültigkeit, für Freunde wie für Gegner des Wagens gleichermaßen. Und doch war sie trügerisch: Die Gnade der amerikanischen Geburt begann zu versiegen, wir mußten feststellen, daß es eben keine Sicherheit gab und daß wir wahrlich keinen Grund hatten, mit allem und jedem zufrieden zu sein. Endzeitstimmung machte sich breit: Vor unser aller Augen schrumpfte der Cadillac zusammen – eindeutig und unwiderruflich. Im selben Maße aber wuchs er in unseren Herzen heran zu einem übermächtigen Bild, prägte sich ein als unauslöschliche Erinnerung an jene Zeiten, als Eden noch diesseits war.

1973 machte sich Stephen Salmieri, ein New Yorker Porträtphotograph, auf die Suche nach Amerika. Das Unternehmen als solches war keineswegs ungewöhnlich, unsere Geschichte kennt genügend Beispiele dafür. Schließlich ist das Aufbrechen zu neuen Grenzen ein Erbe unserer Vergangenheit und ebenso amerikanisch wie der Marlboro-Mann und die Saturday-night-Specials im Fernsehen. Künstler und Landarbeiter, Schriftsteller und Tramps, gelegentliche Gewinner und ewige Verlierer – alle haben

1980 Sedan de Ville; New York City

dasselbe gemacht, wenn sie mit ihrem Glück, ihrer Inspiration oder Geduld am Ende waren. Salmieri freilich verfolgte ein anderes Ziel: Ihm ging es nicht darum, einen bestimmten Ort zu suchen, sondern als Photograph wollte er jenes visuelle Mosaik zusammensetzen, das ihm erlaubte, einen Sinn in den Dingen zu entdecken.

Anders als Schriftsteller – oder Tramps –, die eine x-beliebige Story erfinden können, um ihr Publikum zu unterhalten, sind Photographen auf die Erscheinungsform der Dinge angewiesen, das heißt, sie müssen sich zunächst vor allem auf ihre *Oberfläche* konzentrieren. Mark Twain stand es frei, Huck Finn auf Flußreise zu schicken und dabei die Welt nach seinem Belieben neu zu erschaffen; doch der Photograph muß die Welt mehr oder weniger so präsentieren, wie sie ist – reduziert auf zwei Dimensionen. Gestalten kann er die Welt allein aufgrund der Fähigkeit, Realität durch eine Linse entsprechend zu filtern und ihr dadurch seinen eigenen künstlerischen Stempel aufzudrücken.

Angesichts der beschränkten Möglichkeiten ihres Mediums, das ironischerweise zugleich mit einem Maximum an

1956 Sedan; Utah

technischem Aufwand betrieben wird, neigen Photographen häufig dazu, sich verzweifelt an Metaphern zu klammern. Das ist durchaus verzeihlich, denn ohne ein festgelegtes Thema – einen Aufhänger, wie man in Zeitungskreisen sagen würde – läuft der Photograph Gefahr, zum Opfer seiner unersättlichen Apparatur zu werden. Solange sie nicht von einer kontrollierenden Idee im Zaum gehalten wird, ist die Kamera schließlich nichts weiter als ein visueller Staubsauger.

   Als Salmieri zum erstenmal mit dem Gedanken spielte, sich auf die Suche nach Amerika zu machen, verfiel er auf eine Metapher, die dem visuellen Mosaik Zusammenhalt geben konnte und seinem Sujet absolut angemessen war, nämlich Autos. Durch Nomadentum zum Erfolg, das war von jeher der Traum der Amerikaner gewesen: Man brauchte nur einfach loszufahren und sich immer weiterzubewegen, dann würde sich alles zum Besten wenden. Angefangen hatte das transkontinentale Reisen mit den Siedlertrecks, die ihr Glück im Westen suchten, später kamen die Eisenbahnen, und schließlich sollte das Auto all jene unendlichen Räume ausfüllen, die von Radspuren und Schienensträngen noch unberührt geblieben waren.

1965 Coupe de Ville; Route 9, New York

1908 Runabout: Long Beach, Kalifornien

1985 Fleetwood; San Fernando Valley, Kalifornien

Salmieris Auto-Metapher war gut, aber auch vage. Was er brauchte, war eine Metapher innerhalb der Metapher, ein Automobil der Automobile, mit einem Wort: den Ur-Wagen. Daß sich aus der ungeheuren metallenen Masse amerikanischer Kraftfahrzeuge schließlich der Cadillac herauskristallisierte, war Beweis genug für seine einmalige, unschlagbare Symbolkraft.

Die Salmieris aus Brooklyn, New York, hatten nie einen Cadillac, darin teilten sie das Schicksal der Edwards' aus New Jersey. Doch in einer italienischen Umgebung, wo man nicht weniger imagebewußt war als in den Vorstädten New Jerseys und auf jeden Fall mit weit mehr Selbstachtung ausgestattet, gab es, was das Verhältnis zu diesem Wagen betraf, nicht die geringste Zweideutigkeit. Keinen Cadillac zu besitzen hieß eben nur eines: Man hatte keinen Cadillac. Auf den Nenner gebracht, man hatte es noch nicht ganz geschafft, jenen höchsten Status zu erreichen, wo einem automatisch *respetto* zuteil wird. In Brooklyn wurde der Cadillac genau so verstanden, wie General Motors ihn verstanden wissen wollten: als Wagen der Götter.

1976 Seville; Santa Monica, Kalifornien

Salmieri wußte nur allzugut, daß seine Familie keinen Cadillac besaß und was das bedeutete. Wenn sein Vater einen Ford fuhr, so lag darin kein eigensinniger Stolz; auch ließ sich diese Tatsache nicht ohne weiteres mit dem subtilen Konstrukt des Understatement begründen, das dem amerikanischen Homo suburbanus in solchen Fällen erlaubt, seine Überlegenheit zu demonstrieren. An Wochenenden verdiente sich der junge Salmieri sein Taschengeld mit Autowaschen, und die ausladenden Caddies, an denen er sich dann abarbeiten durfte, gehörten nun einmal den Vätern seiner Freunde. Jedes Jahr, so erinnerte er sich, war die Vorstellung der neuen Cadillac-Modelle *das* Tagesgespräch in der Nachbarschaft; er aber hatte dabei nur Zuschauerstatus, konnte nicht wirklich mitreden.

In einer Kolonie wie der seinen, die einem doppelten Credo huldigte – Katholizismus und Autoverehrung –, muß Salmieris weiterer Werdegang einen gewissen Argwohn erregt haben. Einerseits wurde er Künstler, und so etwas gilt in Brooklyn immer noch nicht als richtiger Beruf. Seinen Lebensunterhalt – selbst erfolgreich – mit einer Kamera zu verdienen war zumindest nicht ganz unverdächtig, und so

1976 Coupe de Ville; New York City

darf man annehmen, daß seine Ziele von Anfang an mit Skepsis betrachtet wurden. Zum anderen konnte er sich – was wunder – nicht richtig mit dem Cadillac anfreunden, erinnerte ihn dieser doch permanent daran, daß es mit dem Status seiner Familie noch irgendwo haperte. Und als er dann den Führerschein machte und Autos nach ihrer Zweckmäßigkeit und nach der Intelligenz ihres Designs zu beurteilen lernte, kam er zu dem Schluß, daß der Cadillac für ihn nicht geschaffen war. So ließ Salmieri, als er eines Tages aufbrach zu den fernen Gestaden des Eilands Manhattan, nicht nur Brooklyn, sondern auch den Cadillac mit aller Entschiedenheit hinter sich zurück.

Und doch war es der verschmähte Caddy, der zu seinem photographischen Aufhänger wurde, zu seinem Gral, seiner Leidenschaft und schließlich seiner Obsession. Die Ikone, von der er sich bereits losgesagt hatte, verfolgte ihn aufs neue und wurde zu seinem künstlerischen Vehikel, in dem er jahrelang reisen sollte.

Wahren Obsessionen wohnt ja so etwas wie eine manische Zauberkraft inne. Sie mögen sich – Orakeln gleich – verworren artikulieren, doch ihre Omen sind oft von

1967 Coupe de Ville; New York City

dramatischer Eindeutigkeit. In den frühesten Tagen seiner Cadillac-Fixierung, als die Idee, irgend etwas mit Autos zu machen, noch keine feste Gestalt gewonnen hatte, begegnete Salmieri der Malerin Sydnie Michele, und beide beschlossen ziemlich Hals über Kopf, daß man zusammenleben sollte. Der Tag des Umzugs brachte die Erleuchtung: Salmieri hatte seine Wohnung geräumt, seine Siebensachen in Sydnies Loft abgeladen und wollte gerade den gemieteten Lieferwagen zurückbringen, als er ein identisches Paar '73er Cadillac-Limousinen sah, die sich ihm, Stoßstange an Stoßstange geparkt, in der klassischen Pose des Batterieaufladens präsentierten.

  Da standen sie, die beiden großen Kreaturen, lüstern blickend, symbolträchtig (schließlich war es ein Tag bedeutungsvoller Paarung), auf nichts weiter harrend, so schien es, als auf das erste Klicken aus Salmieris Kamera – ein Motiv wie bestellt, ein wahrer Deus ex machina! Nur: Ausgerechnet in diesem Moment hatte der allzeit bereite Photograph seinen Apparat nicht dabei. Salmieri wendete den Lieferwagen auf der Stelle, raste durch das heillose Labyrinth der Einbahnstraßen zum Loft, packte die Kamera

1940 La Salle; Englewood, New Jersey

aus und raste wieder zurück – überzeugt, er würde es nicht schaffen. Doch die Wagen hatten sich nicht vom Fleck gerührt, reglos warteten sie mit aufgesperrten Mäulern und inzwischen aufgeladenen Batterien, während ihre Fahrer im Gespräch vertieft waren. „Ich kann es nicht fassen, daß Sie immer noch da sind", schrie der aufgeregte Jäger. „Sie haben mein Leben verändert!"

Es ist nicht überliefert, ob die Fahrer begriffen, was Salmieri eigentlich wollte, oder ob sie überhaupt Notiz von ihm nahmen. In der Stadt wimmelt es schließlich von Verrückten. Das Cadillac-Projekt aber war lanciert. Die Message war klar, zumindest für einen, der nur darauf wartete, eine Message zu hören, und dessen Sensibilitäten so gelagert waren, daß er gar nicht umhinkonnte, als auf jede Art von kombinierter Auto-Paar-Symbolik spontan zu reagieren. Zudem hatte sich die Idee, einen Cadillac zum Mittelpunkt des Projekts zu machen, ganz naturwüchsig ergeben. Die Protagonisten der Autopaarung hätten ja auch Buicks sein können, waren es aber nicht, und dieser Wink des Himmels ließ nur eine Deutung zu: Die Götter fahren eben keinen Buick. Innerhalb weniger Tage hatten Salmieri und Sydnie

1982 Seville; New York City

ihre Vergangenheit über Bord geworfen, beluden ihren Wagen (einen verläßlichen Dodge Dart) und starteten Richtung Westen.

Fünf Monate lang fuhren die beiden kreuz und quer durchs Land. Gleich einem Tierphotographen, der den Busch nach aussterbenden Wildarten durchstreift, jagte Salmieri den Cadillacs hinterher, wo und in welchem Zustand auch immer er sie aufstöbern konnte. In Villeneinfahrten und auf Autofriedhöfen, als stolze Limousinen, die mit protzigem Gehabe ihrer Besitzer harrten, und als herrenlose Wracks, die, dem Vergessen anheimgegeben, still vor sich hin rosteten, als eindrucksvolle Symbole der Hoffnung wie der Verzweiflung – Salmieri begegnete seinen Cadillacs an jedem erdenklichen Ort, in jeder erdenklichen Gestalt.

Obsessionen – sei es von Künstlern, sei es von Schuhverkäufern – lassen sich ohne weiteres bändigen, nämlich durch Überfütterung. Sie können sehr zweckmäßig sein, wenn es darum geht, das Leben zu vereinfachen (alles, was mit der Obsession X nicht in unmittelbarem Zusammenhang steht, kann als unwichtig abgehakt werden), aber oft fehlt es ihnen an Zählebigkeit. Der Künstler mag

1939 La Salle; Houston, Texas

Schädel malen, der Schuhverkäufer Kleider von unten anstarren – wenn sie es nur beharrlich genug betreiben, werden sich die Dämonen vielleicht exorzieren lassen. Wo nicht, können die Kunst wie das Leben darunter leiden, denn Obsession allein gebiert noch keine Muse.

  Im Falle Salmieris freilich war die Obsession alles andere als ein Strohfeuer; aus seiner ersten transkontinentalen Cadillac-Safari wurde eine Dauerleidenschaft, der wir schließlich dieses Buch zu verdanken haben. Möglicherweise wußte er am Beginn seiner Reise selbst noch gar nicht recht, worauf er sich da einließ; doch als er nach fünf Monaten in Kalifornien ankam, war ihm klar geworden, daß er mit dem Cadillac eine wahre Goldmine entdeckt hatte, die nicht so schnell versiegen würde. Den Gebrauchswert der Ware Cadillac schätzt Salmieri nach wie vor gering ein (seinen früheren Prinzipien treu geblieben, fährt er heute einen Jaguar), doch als Metapher ist die Marke einfach nicht zu überbieten. Das Philadelphia Orchestra unter Eugene Ormandy wurde einmal als „der goldene Cadillac unter den Orchestern" beschrieben. Der Vergleich spricht für sich selbst und weckt in jedem Amerikaner sofort starke emotionale

1927 Fleetwood; Newport, Rhode Island

Assoziationen. Dasselbe Bild mit einem, sagen wir, goldenen Lincoln? Undenkbar, würde nicht funktionieren!

 Los Angeles wurde für Salmieri zum Schlüsselerlebnis. Diese Stadt, die ihr Aussehen, ja, ihre Existenz dem Automobil verdankt, in der man sich lieber bedenkenlos bei seinem Autohändler verschuldet, als die eigene Mobilität einzubüßen – sie verschaffte ihm die nötige Abhärtung, die den Gralssucher in seiner Entschlossenheit bestärkt. Die Südkalifornier betreiben den Auto-Kult ja mit einer gewissen Inbrunst, wie sie den New Yorkern beispielsweise völlig abgeht. Was sie sich so einfallen lassen, um ihre Nobelmarken – ob Rolls Royce, Ferrari oder Mercedes – gestalterisch aufzuwerten, das entbehrt durchaus nicht der Virtuosität. Und auch auf diesem exotischen Jahrmarkt automobiler Eitelkeiten weiß sich der Cadillac mit väterlicher Autorität absolut zu behaupten. Während seiner fünfmonatigen Reise nach L. A. waren Salmieri immer nur Zufallstreffer gelungen, doch mit wachsender Erregung hatte er sich vom Dilettanten zum Enthusiasten gemausert; hier aber, in dieser Auto-Serengeti mit ihrer ungeheuren Artenvielfalt an Caddies – Oldtimer und allerneueste Modelle, Standardausführungen und bizarr durchgestylte

1941 Convertible; Danbury, Connecticut

Maßanfertigungen – vollzog er den Schritt zur wahren Kennerschaft. Wo aber der Blick geschärft ist durch Lust, da kann das Jagdglück nicht ausbleiben, und Salmieri entwickelte geradezu psychokinetische Fähigkeiten: Was immer er zu sehen wünschte, tauchte unvermittelt vor seiner schußbereiten Kamera auf. Wollte er ein ganz seltenes Exemplar, vielleicht einen flamingofarbenen Eldorado aus den späten Fünfzigern? Innerhalb der nächsten halben Stunde stand er leibhaftig vor ihm, wie von Geisterhand abgestellt am Fahrbahnrand. Oder brauchte er etwa eher Klassisches, etwa eine schwarze Limousine aus der Serie 62, späte Vierziger, klotzig geparkt vor einem ebenso klassischen kalifornischen Bungalow? Bitte sehr, sein Wunsch war dem Zeitgeist Befehl, das Ding ließ nicht lange auf sich warten. Und so ging es weiter in den fröhlichen Jagdgründen, Woche um Woche.

  Als der Dodge Dart auf dem Highway Nr. 1 wieder gen Osten rollte, war Salmieris Pakt mit dem Schicksal – à la Detroit – so gut wie besiegelt. Nahe der Grenze zu Arizona, in einer Stadt, deren Namen er nicht ganz mitbekam, entdeckte er ein weißes '61er Modell, das ganz ruhig vor einem soliden Mittelklasse-Haus parkte – haargenau in der

1946 Fleetwood; Atlantic City, New Jersey

1959 Fleetwood; Atlantic City, New Jersey

1955 Coupe de Ville; Atlantic City, New Jersey

Mitte zwischen zwei weißen Markierungsstreifen auf dem Asphalt. Salmieri sprang aus dem Wagen, montierte seine Kamera auf ein Stativ – das Tageslicht war bereits im Schwinden – und betätigte den Auslöser. Der Deal war perfekt. „Dieser Wagen vor diesem Haus –" entfuhr es ihm unwillkürlich, „damit ist alles gesagt." Es wurde das Motiv schlechthin.

Nach Kalifornien, so Salmieri, „entwickelte das Projekt ein Eigenleben" und wurde zu einer großangelegten photographischen Rasterfahndung: Es ging ihm nicht mehr darum, Cadillacs aufzuspüren, sondern alle Cadillacs oder zumindest Modelle aus allen Jahrgängen, derer er habhaft werden konnte, vom ersten bis zu jetzigen. War aus der ursprünglichen Obsession eine Leidenschaft geworden, so entwickelte sich diese im Verlauf der nächsten Jahre zu einer geradezu wissenschaftlichen Erhebung auf dem Gebiet der empirischen Sozialforschung: Salmieri befragte Autoclubs, Historiker, Karosserie-Designer, aber auch Autofreaks, unbelehrbare Fanatiker und passionierte Sammler, wie etwa jenen Mann in Bayshore, Long Island, der einen Wagenpark mit vierundzwanzig Modellen unterhält – die komplette Serie des Baujahrs 1959.

1938 Fleetwood Town Car; Atlantic City, New Jersey

1927 Roadster; Newport, Rhode Island

1927 Roadster; Newport, Rhode Island

Wollte Salmieri seinem selbstgestellten enzyklopädischen Anspruch gerecht werden, mußte er seine Nachforschungen systematisch betreiben, also überall dorthin gehen, wo er Cadillacs vermuten konnte, aber auch jederzeit darauf gefaßt sein, ihnen unverhofft zu begegnen. Mußte den Cadillac stets im Kopf behalten trotz zahlloser anderer Ideen und Projekte, die ihn zwischen 1973 und heute beschäftigten. Durfte die Leidenschaft nicht erkalten lassen und mußte sich so etwas wie eine zweckgebundene Eigenliebe zulegen, die ihn daran glauben ließ, seinem Projekt – wie dem Wagen selbst – sei vom Schicksal Dauerhaftigkeit beschieden.

Salmieris unsichtbarer Helfer, der ihm einst die Cadillac-Autopaarung beschert hatte, erwies sich auch weiterhin als nützlich. Im Winter 1982 brach in dem Gebäude an der Bleecker Street, wo die Salmieris lebten, ein Feuer aus, das Haus brannte drei Tage lang. In ihrem Loft im sechsten Stock waren auch das Photoatelier und die Dunkelkammer untergebracht, und hier befanden sich Hunderte von Schwarzweißnegativen und ebensoviele Abzüge: Die gesamte Ausbeute des großen Cadillac-Projekts, das Ergebnis einer neunjährigen Arbeit – nichts als Rauchschwaden, die giftig in den winterlichen Himmel

1964 Ranch Wagon; Santa Monica, Kalifornien

1931 La Salle; Virginia Beach, Virginia

1932 La Salle; Newport, Rhode Island

aufstiegen. Nachdem die Feuerwehr den Brand unter Kontrolle gebracht hatte, tasteten sich Salmieri und Sydnie über die eisigen Treppenstiegen vorsichtig nach oben, öffneten die rauchgeschwärzte Tür zu ihrem Loft – und siehe da, wie durch ein Wunder war er vom Feuer verschont geblieben. Salmieri behauptet, er hätte, wäre alles vernichtet gewesen, noch einmal ganz von vorne angefangen; doch dieses Buch, in seiner hier vorliegenden Gestalt, wäre nie zustande gekommen. Photographen wissen nur allzugut, daß jede Aufnahme einmalig ist – geht sie verloren, läßt sie sich nie mehr exakt wiederholen. Wo die Physik versagt, muß die Metaphysik weiterhelfen: Die Rettung der Cadillac-Bilder widersprach so sehr allen Gesetzen der Wahrscheinlichkeit, daß sich die Frage stellt, ob die ganze Sache nicht per Telekinese von Harley Earl gesteuert wurde.

Wenn es je einen Traum in Technicolor gegeben hat, dann ist es der Cadillac-Traum. Salmieri aber hatte in Schwarzweiß photographiert, denn nur so konnte er die Stimmung seiner Bilder selbst kontrollieren und brauchte sich nicht abhängig zu machen von den häufig unsensiblen Methoden der Farbfilmentwicklung. Andererseits war das Projekt inzwischen zu einer Auto-Romanze gediehen, die irgendeine

1959 Fleetwood; Manasquan, New York

1974 Eldorado; Scarsdale, New York

1967 Fleetwood Eldorado; Route 9, New York

Art von Farbgebung angebracht erscheinen ließ – etwa die mild halluzinatorischen Tönungen alter handkolorierter Postkarten. Rein spielerisch begann Sydnie, die Schwarzweißabzüge zu übermalen, wobei sie die Farben so wählte, wie es ihr gerade gefiel. Das Experiment erwies sich als überaus gelungen: Viele der Photographien wurden um eine phantastische chromatische Dimension erweitert, die ihnen eine völlig unwirkliche und unwiderstehliche Wirkung verleiht.

So sehr Salmieri sich während seiner zwölfjährigen Odyssee auf ein magisches Objekt aus Metall kapriziert hatte – im tiefsten Innern war er doch immer Porträtphotograph geblieben. Da er Amerika als Cadillacsches Universum porträtieren wollte, mußte er natürlich Autos ablichten, doch damit schuf er, nach seinen eigenen Worten, zugleich ein Porträt „des Besitzers, der in jeder Photographie als unsichtbarer Charakter vorhanden ist". Selbst wenn er einen Wagen irgendwo verlassen am Straßenrand entdeckte – sei es, daß der Fahrer gerade Pannenhilfe holte, sei es, daß er sich definitiv aus dem Staub gemacht hatte –, konnte Salmieri sich des Eindrucks nicht erwehren, als flößten die Besitzer dieser massenproduzierten Maschinen ihnen Leben

1957 Eldorado Biarritz Convertible; Santa Monica, Kalifornien

und Energie ein und machten jede einzelne so unverwechselbar wie ein menschliches Gesicht.

Cadillac-Besitzer wußten natürlich um dieses Phänomen, und zwar schon lange, bevor der Junge aus Brooklyn zu seiner persönlichen Expedition aufgebrochen war. In ganz seltenen Fällen begegnete Salmieri Fahrern, die rein zufällig an die Marke gekommen waren und für die der Besitz eines Cadillac nichts zu tun hatte mit philosophisch-ethischen Grundsätzen. Aber selbst die begriffen im Handumdrehen, welche Idee hinter dem Projekt steckte, das Salmieri so beharrlich verfolgte. Einmal, in Venice, Kalifornien, traf er eine Frau, die einen Sedan de Ville geerbt und diesen mit einem kunstvoll gestalteten nautischen Motiv verziert hatte – das Ganze nannte sich „The Whale". Der Photograph versuchte etwas umständlich, den Sinn seines Vorhabens zu erläutern. Die Frau ließ ihn ausreden, schenkte ihm eines jener sonnengebräunten, glückseligen Lächeln, wie sie östlich des Death Valley nie anzutreffen sind, und sagte: „Oh, jetzt verstehe ich, Sie sind in göttlicher Mission unterwegs".

Nicht einmal dem Vizepräsidenten von General Motors – in seinem Konzern für Optimismus zuständig – dürfte entgangen sein, daß der Cadillac nicht mehr das ist, was er

1955 Coupe de Ville; Cripple Creek, Colorado

1959 Cadillacs; Long Island, New York

1953 Grille; Cold Springs, New York

einmal war. Er ist anders. Vielleicht besser in mancher Hinsicht, aber anders. Spät, aber dafür um so gründlicher hat sich Detroit in den Achtzigern endlich eine Religion zugelegt, einen neuen calvinistischen Glauben, dessen Gebote lauten: Aerodynamik, Wirtschaftlichkeit im Verbrauch, „gedrosselte", vernünftige Bauweise. Vertrieben sind die ausschweifenden Gottheiten der Saturnalien, die unbekümmerten Bombastiker à la Harley Earl und Raymond Loewy (berühmt für seinen flugzeugnasigen Studebaker), abgelöst durch die gestrengen Hohepriester der reinen Effizienz, die ihres Amtes mit wahrhaft apokalyptischem Eifer walten.

Und merkwürdigerweise macht sich gerade bei denjenigen unter uns, die noch vor zwanzig Jahren über den verschwenderischen Stil à la Detroit gelästert hatten – engstirnige Auto-Didakten wie Salmieri und ich –, ein Gesinnungswandel breit: Wir nämlich sind es, die heute den glitzernden Ungetümen aus Chrom und Stahl nachtrauern. Gefahren haben wir sie nie und auch keine Gelegenheit versäumt, ihre Exzesse zu geißeln; heute aber wissen wir, daß ihre Schwerfälligkeit etwas unerklärlich Beruhigendes hatte, etwa so, wie die Existenz von Walen beruhigend sein kann, selbst für diejenigen, die noch nie welche gesehen

1959 Sedan de Ville; Poughkeepsie, New York

haben und denen auch gar nicht der Sinn danach steht. Der Cadillac, die phämomenalste und damit auch angreifbarste unter Detroits unverschämten Kutschen, ist heute fast ein ganz normales Auto geworden: gedrosselt, verkleinert, zivil, zivilisiert, reduziert auf nahezu bescheidene Dimensionen – eben nicht mehr die Mordskiste, der verwegene Cadillac von einst. Irgendwie fällt es schwer, sich von den heutigen Teenies vorzustellen, sie könnten sich mit bedingungsloser Hingabe für den Wagen begeistern oder sich den Kopf darüber zerbrechen, warum der alte Herr nun ausgerechnet einen Caddy fährt bzw. nicht fährt. Der Traum von Eldorado ist – optimistischen Werbetexten zufolge – zwar immer noch nicht ausgeträumt, doch seine einstige Bedeutung als Karrieresymbol hat der Cadillac weitgehend verloren. Viele aufstiegsorientierte Zeitgenossen sind heutzutage auf den prosaischen, teutonischen Mercedes-Benz umgestiegen, der ja gleichfalls die modische Extravaganz seiner früheren – wagemutigeren – Tage eingebüßt hat. Wer hätte vor fünfundzwanzig Jahren voraussagen können, daß Bankiers, Ärzte und selbst chauvinistische Kleinstadtadvokaten eines Tages ihr höchstes Statussymbol aus dem pragmatischen Deutschland beziehen würden?

1954 Coupe de Ville; Coney Island, New York

Cadillacs of the 40s; Sylmar, Kalifornien

Cadillacs of the 40s; Sylmar, Kalifornien

1953 Convertible; Venice, Kalifornien

1962 Coupe; Utah

1941 Coupe; New York

1964 Sedan; Nebraska

1960 Coupe; Colorado

Doch allen Zeitläuften zum Trotz hält die Faszination des Cadillac unvermindert an. Millionen von Amerikanern geraten in einen emotionalen Rauschzustand, wenn sie allein den Namen hören, und der Virus, von dem Stephen Salmieri befallen wurde, ist erstaunlich ansteckend. Salmieris Bilder können ein Cadillac-Bewußtsein erwecken, selbst bei den Ungläubigen, denen die rechte Erleuchtung bisher versagt blieb. Seine Porträts sind von nachhaltiger Wirkung: Je länger man sich mit ihnen beschäftigt, desto lebendiger und intensiver werden die Auto-Träume, die sie in einem wachrufen. Man fühlt sich zurückversetzt in jene Zeiten, als der Cadillac noch groß und unverfälscht, als er noch der Caddy der Daddies war.

Auf einem hochgelegenen Parkplatz am Mulholland Drive, oberhalb der weiten, autoverseuchten Ebene von Los Angeles, entdecke ich ein blendend weißes Kabrio, Baujahr '59, bestimmt das letzte Kabrio, das es noch gibt; leer und verlassen steht es da, als sollte es hier bleiben, ein für allemal, als das Stonehenge unseres Zeitalters.

In Detroit genieße ich einen kurzen Augenblick der Berühmtheit, die mir die Publicity-Tour für ein Buch verschafft;

1985 Sedan de Ville; Beverly Hills, Kalifornien

1980 Kühlerverzierung; Beverly Hills, Kalifornien

1985 Fleetwood; Palm Beach, Florida

das Beförderungsmittel, in dem ich mich kreuz und quer durch Motor City bewege, ist den Umständen angemessen: ein schwarzer Cadillac-Pullman. Aber was heißt das schon? Moderne Großraum-Limousinen haben nicht viel mehr zu bieten als geräuscharme Motoren, konturlose Chassis und getönte Scheiben (abgetrennter Fond als Privileg); die Standardisierung ihres Komforts läßt Prominenz zum Allgemeingut verkommen – schließlich kann für fünfzig Dollar jeder Normalverbraucher eine Stunde lang dem Lebensstil von Filmstars und Bestsellerautoren frönen. Und dennoch: In so einem Luxusschlitten lautlos dahinzugleiten ist immer noch ein Hochgenuß. Ich lümmele mich auf dem Rücksitz herum, satte acht Feet von der Scheibe entfernt, die den Chauffeur von meiner Tagträumerei abschottet, sehe mir die Soaps im Farbfernseher an, trinke ein Grolsch aus der eingebauten Kühlbox und kämpfe permanent gegen die Versuchung an, mich einfach nach New York zurückchauffieren zu lassen. Es gibt Pullman-Modelle von Mercedes, natürlich, und sogar Pullman-Modelle von Volvo (na ja, Mini-Pullmans), doch für meine fünfzehn Minuten im Scheinwerferlicht kommt nur der Caddy in Frage. Señor Fangio, salud!

1972 Sedan; Stowe, Vermont

DANKSAGUNGEN

Dieses Projekt nahm zwölf Jahre in Anspruch; während dieser Zeit lernte ich eine Menge über Cadillacs, aber noch mehr über menschliche Beziehungen. Eines Nachts, im Fond eines Taxis in New York City, sagte ich zu meiner damaligen Freundin und heutigen Frau Sydnie Michele: „Was hältst du von der Idee, durch Amerika zu reisen und Cadillacs zu photographieren?" Ihre knappe, zustimmende Antwort kam prompt: „Let's go!" Von da an war sie – nicht nur als Koloristin, sondern auf allen Ebenen – total in das Projekt involviert. Ohne sie hätte ich es weder durchführen können noch wollen.

Daß das Buch realisiert werden konnte, habe ich der Initiative meines Lektors Bill Dworkin bei Rizzoli International Publications zu verdanken. Er begeisterte sich für meine Idee und verstand es, seinen Verleger Gianfranco Monacelli ebenfalls dafür zu gewinnen. Nur aufgrund ihrer Unterstützung war ich in der Lage, das Projekt zu Ende zu führen. Dieses Buch entspricht in jeder Hinsicht haargenau meinen Vorstellungen – Kompromisse brauchte ich nicht zu schließen. Die Zusammenarbeit mit Rizzoli entwickelte sich zu einer echten Partnerschaft. Das erfüllt mich mit Dank.

Owen Edwards stellte die richtigen Fragen über Cadillacs. Seine eigenen – unglaublich präzisen – Erinnerungen koordinierte er mit dem, was ich erlebt hatte; er selektierte die hervorstechendsten Fakten und prägendsten Erfahrungen und verarbeitete sie zu einem Text, der ganz genau dem Ton meiner Bilder entspricht. Es war eine bemerkenswerte Zusammenarbeit.

Milton Glaser und Walter Bernard, die Gestalter des Buches, setzten ihre ganze Kreativität und ihr gediegenes professionelles Können zugunsten des Projekts ein. Für sie und ihre Mitarbeiter gibt es nur einen einzigen Maßstab: Qualität. Und dafür bin ich dankbar.

Ohne Übertreibung kann man behaupten, daß es den Cadillac, so wie wir ihn kennen, nicht gegeben hätte, wäre nicht Harley Earl gewesen. In einem sehr realen Sinne war er – als tatkräftiger Mitarbeiter – bei diesem Projekt ständig präsent.

Was treibt eigentlich jemanden dazu, jahrelang herumzureisen, nur um immer wieder einen ganz bestimmten Wagen zu suchen? Für einen Jungen aus Brooklyn war der Cadillac das höchste Symbol des Erfolgs. Cadillacs zu photographieren gab mir wahrscheinlich das Gefühl, ich sei erfolgreich, und das erklärt möglicherweise, warum ich es so lange betrieben habe. Die Besonderheit des Cadillac bringt es mit sich, daß alle, die in irgendeiner Weise mit ihm zu tun haben, zu Komplizen werden. Je tiefer ich als Photograph in das Cadillac-Universum eindrang, je besser ich mich in ihm zurechtfand, desto mehr Verständnis brachten die Cadillac-Besitzer mir entgegen und desto freundschaftlicher entwickelten sich die Beziehungen zwischen ihnen und mir. Ich stellte fest, daß ich unversehens zum Teil eines Organismus geworden war, zu einem Mitglied jener eingeschworenen Cadillac-Gemeinde, die Besitzer und Liebhaber des Wagens brüderlich miteinander vereint.

Stephen Palmieri

Ein Cadillac-Bestiarium

13 1940 war in vieler Hinsicht ein Jahr definitiver Veränderungen. Für Cadillac bedeutete es das Ende des ehrwürdigen V16, der noch seitlich montierte Reservereifen und Trittbretter hatte – die letzten romantischen Relikte aus der guten alten Postkutschenzeit.

15 Das beeindruckendste Beispiel für die Kombination aus Macht, Masse und fließender Eleganz war sicherlich das Coupé de Ville, Baujahr 1950. Earls eigenen Angaben zufolge hatte ihn niemand so sehr beeinflußt wie Cecil B. DeMille, und dessen opulenter Stil feiert hier seinen größten Triumph.

16 Heutzutage sind Autos völlig gesichtslos geworden, aber 1955 konnten sich Cadillac-Besitzer noch im wohlwollenden Lächeln ihrer zoomorphen Maschinen sonnen.

17 Nicht einmal Cadillac blieb immun gegen den rationalistischen Einfluß des International Style, der sich allenthalben bemerkbar machte. Um 1962, als die Reinheit der Form eine Glaskasten-Architektur entstehen ließ, hätte man den Stil dieses gedrosselten Coupés nahezu – aber nicht ganz – als funktional beschreiben können.

19 1958 war der fünfzigste Geburtstag von General Motors. Aus diesem Anlaß produzierte Cadillac Modelle wie den Fleetwood Brougham, die – wenn auch etwas großspurig – perfekt zu einer Landhaus-Atmosphäre paßten.

20 Vielleicht ist es die nach vorn gewölbte Kühlernase oder der starre Blick der beiden weit auseinanderliegenden Scheinwerfer, vielleicht auch die imposante Stoßstange – auf jeden Fall hatte der Caddy von 1936 einen ausgesprochen arroganten Ausdruck. Dieses vielbewunderte Exemplar war sich sogar zu schade, aus der Garage herauszukommen.

21 Ins schattige Abseits geraten: ein aristokratisch angehauchtes Modell von 1940. Immerhin, das flachere, horizontale Karosseriedesign der Nachkriegswagen deutet sich hier bereits an.

23 Nicht alle Cadillacs zeugten von Glamour, Macht und Präsention. Dieser Sixty Two von 1941, nur eine von zahllosen Stilvarianten (neunzehn Modelle in sechs Serien), hat die unauffällige Haltung eines braven Bürgers, der schwierigen Zeiten entgegensieht.

25 Das erste von Harley Earl entworfene Cadillac-Modell, Baujahr 1928. Die schwungvolle Linienführung der Stoßstange, die lange, vom Kühlergrill bis zum Heck durchgehende Horizontale und der rein architektonische Aufbau verleihen diesem Fleetwood sein einzigartiges Flair.

27 Earls stilistische Anfänge als Karosseriedesigner bestätigten sich aufs neue, als er 1959 das schrille Eldorado-Kabrio schuf – den American Dream par excellence aus Chrom und Stahl.

28 Die Vergänglichkeit aller Materie – illustriert an einem Fleetwood Sixty Special, Baujahr 1949, der auf einem waldigen Autofriedhof gemächlich vor sich hin stirbt.

29 Diesem Exemplar aus demselben Jahrgang, Serie 61, war eine längere Lebensfrist beschieden. Die subtil angedeuteten Heckflossen, die Harley Earl hier zum ersten Mal verwendet, und die weiche Geschmeidigkeit seiner nahezu perfekten Linien veranlaßten die Zeitschrift Motor Trend, das Modell zum „Auto des Jahres" zu küren.

31 Zwei Monate, nachdem bei Cadillac Motors der letzte Panzer produziert worden war, rollten die ersten '46er Caddies vom Fließband. Dieser stattliche Fleetwood aus der Serie 75 mit seinen vorsintflutlichen Trittbrettern und den massiven Stahlpuffern hat durchaus etwas von der Kompaktheit eines M-24-Tanks.

33 Nicht einmal schäbige Lappen vermögen die brillante Kombination aus Geschmeidigkeit und Materie zu verdecken, durch die sich dieses Coupé aus der Serie 61, Baujahr 1947, auszeichnet – ein Relikt des Vorkriegsdesigns, das dem Stromlinien-Ideal verpflichtet war.

34 Gleich einem Fred-Astaire-Musical oder einer Villa in Newport bot der kraftvolle V16-Roadster von 1930 eine adäquate Möglichkeit, der Depression mit stilvoller Herablassung zu begegnen.

35 Wer je das Glück hatte, auf einem offenen Heck-Notsitz durch die Gegend chauffiert zu werden, wird nicht umhinkönnen, die Abschaffung dieser wundersamen Errungenschaft zu beklagen. In einem La Salle-Kabrio, Baujahr 1935, war es der reinste Hochgenuß.

37 Vom Eldorado Brougham 1957 wurden nur vierhundert Exemplare gebaut. Mit einem Preis von angemessenen 13 074 Dollar gehörte das Modell, das sich im Aussehen an dem von Harley Earl zu Beginn der fünfziger Jahre entwickelten Versuchswagen Le Sabre orientierte, zwar eindeutig in die Luxuskategorie, war aber kein richtiger Cadillac.

38 Daß die Modelle der sechziger Jahre eher nüchtern ausfielen, hatte zwei Gründe: zum einen das Unbehagen des GM-Managements über die schrillen Vögel von 1959, zum anderen eine spürbare Rezession in der Automobilindustrie. Die barocke Pracht des Earl-Stils gehörte bereits der Vergangenheit an, als das 1963er Coupé de Ville gebaut wurde . . .

39 . . . aber ein properes Exemplar von 1961 hat immer noch Prestigewert.

41 Stoßstangen lassen sich auf vielfältige Weise verbiegen, aber was das von Fisher entworfene Coupé, Baujahr 1932, mit Weißwandreifen in dieser Hinsicht zu bieten hat, ist wohl ziemlich einmalig.

42 1953, bei der Parade anläßlich seiner Amtseinführung, fuhr Dwight Eisenhower in einem offenen Eldorado. Sechs Präsidenten später: Eine Limousine aus der Serie 62, an einer Straße in New York geparkt – man möchte meinen, die Zeit sei stehengeblieben.

43 Der Schauplatz: eine Parkfläche in Las Vegas. Der Darsteller: ein Fleetwood, Baujahr 1958. Der Plot: Einschüsse in der Heckscheibe? Ein Stück ohne Worte über Herrschaft und Niedergang, über Einfluß und Ohnmacht.

45 Richter sollten zwar sachlich, müssen aber nicht unbedingt farblos sein. Wenigstens nicht in Kalifornien. Dieser Seville, Baujahr 1978, zurechtgestylt von einer Spezialfirma in Pompano Beach, Florida, läßt vermuten, daß sein Besitzer auf der Richterbank kein allzu erhabenes Bild abgibt.

46 Die Heckflossenansätze bei den '48er Modellen lenkten die Aufmerksamkeit von einem Kühlergrill ab, der es fertigbrachte, Einfachheit mit Raffinement zu verbinden.

47 Etwas ganz Ausgefallenes: eine Kabrio-Limousine. Die wenigen Besitzer eines solchen Seventy-Five-Modells von 1940 hatten tatsächlich alles, was ein Autofahrerherz begehren konnte: Trittbretter, seitlich montierte Reserveräder, Faltdach plus vier Türen – fehlte höchstens Claudette Colbert als Beifahrerin.

49 Was waren 1951 die Kriterien für ein angenehmes Leben? Ein Haus am Stadtrand, ein Golfturnier am Wochenende und ein Cadillac-Kabrio. In den süßen Träumen dieser nahen Vergangenheit ist das Dach natürlich immer aufgeklappt.

51 Die '46er Modelle unterschieden sich kaum von den letzten Vorkriegs-Cadillacs, aber die großen Fleetwood-Limousinen schienen besonders hartnäckig an der üppigen Pracht der Vergangenheit festhalten zu wollen.

53 Das letzte Kabrio – zumindest das letzte aus der Ära der grenzenlosen Hoffnung – war der Fleetwood Eldorado von 1974. Das ledergarnierte Prestigesymbol unter kalifornischer Sonne erheischt die ungeteilte Aufmerksamkeit des Betrachters – allen Tiefffliegern, halluzinatorischen Bäumen und Entenparaden zum Trotz.

54 Dieser ausgediente und heute zivilen Zwecken zugeführte Bestattungswagen in Venice, Kalifornien, ein Superior-Cadillac Automatic Side-Serving Landaulet von 1953, verlieh, als er noch seinen Dienst versah, so mancher Durchschnittsexistenz einen abschließenden Hauch von Grandeur.

55 Auch dieser Landau, Baujahr 1960, verbreitet Begräbnisstimmung in dem ansonsten sonnigen Viertel. Das riesige Panorama-Heckfenster wirkt etwas übertrieben, gemessen an den Bedürfnissen des Insassen.

57 Der Cadillac ist weiß Gott ein Auto ohne Furcht und Tadel, aber es gibt Dinge, die sollte man vielleicht nicht einmal ihm zumuten. Dieses überfrachtete Exemplar von 1958 mußte seine Haifischflossen zugunsten eines Taubenschlags einbüßen.

58 Im längst vergangenen Sommer '52 hatte dieser Sixty Special 190 PS, einen vierzylindrigen Vergaser, Servolenkung und kostete mit $ 4 269 etwas mehr als ein Dollar pro pound. Sic transit gloria mundi . . .

59 Dieses Coupé de Ville von 1956 läßt eine ganze Epoche lebendig werden: Bill Haley, Fats Domino, die Franzosen in Indochina, Benzin im Überfluß, die Giants gegen die Colts und der Fahrer im grauen Flanellanzug.

61 1968 erreichte der Verkauf des Coupé de Ville seinen absoluten Rekord: insgesamt 63 935 Stück! Aber heute wissen wir, daß am Horizont des Cadillac-Empire die Sonne bereits unterzugehen begann.

63 Der seltene Anblick einer Autopaarung: Das Tête-à-tête dieser beiden Fleetwoods, Baujahr 1973, wäre von Kennern der Materie früher für unmöglich gehalten worden. Mit diesem Bild war das Cadillac-Buch geboren.

65 Das leicht mitgenommene Coupé de Ville, Baujahr 1971, mit seinem gedämpften, nahezu anonymen Stil scheint zu beweisen, daß nicht einmal Unscheinbarkeit ein ruhiges Leben garantieren kann.

66 Ein früher Morgen des Jahres 1942, auf einem Miltitärflugplatz bei Detroit: Harley Earl steht entgeistert vor einem Kampfflugzeug des Typs P-38 – das revolutionäre Design der Triebwerkverkleidungen und der doppelte Heckholm sind wie eine Offenbarung für ihn. Jahre später zeitigt dieses Erlebnis seine Folgen, bei der Front der '57er Cadillacs . . .

67 . . . und beim monumentalen Heck der Modelle von 1959.

69 Gucci und Cadillac: zwei Namen, ein Programm. Der '82er Seville Elegante mit seinem Rolls-Royce-artigen Heck läßt sich wohl kaum besser in Szene setzen als in diesem prestigeträchtigen Kontext.

70 Als dieses Coupé de Ville, Baujahr 1974, noch souveräne Selbstsicherheit demonstrierte, waren die Autokäufer durch die Araber bereits verunsichert worden – Unzufriedenheit mit dem „heavy metal" begann sich allenthalben breitzumachen.

71 Impressionen eines Parkhaus-Ambientes: Ein massiver Caddy kratzt die Kurve; Reich und Reich gesellt sich gern; ein '72er Coupé de Ville fährt im Aufzug spazieren; eine Cadillac-Diva, göttlich wie die Garbo, geht auf Distanz.

73 „. . . und siehe, da stand ein Rad auf der Erde . . ." – Hesekiels Radvision wäre vermutlich anders ausgefallen, wenn er diesen '80er Sedan de Ville, hier geparkt vor Frank Lloyd Wrights Guggenheim Museum, gekannt hätte.

75 Bei den Modellen des Baujahres 1956 trieb Earl seine Vision vom Auto als Flugzeug der Landstraße noch weiter: stromlinienförmige Luftschlitze und Stromlinienverschalungen der Heckstoßstange vervollständigten das Bild. Einige dieser Maschinen stürzten in der Wüste ab.

77 Im Traum des klassischen Cadillac-Besitzers parkt sein Wagen auf dem makellosen Asphalt der Hauseinfahrt, liebevoll umhegt und bewundert von einer glücklichen Familie. Aber manchmal spielt die Wirklichkeit nicht mit.

78 Er sieht zwar fragil aus, dennoch wurde der Cadillac von 1908 bei einem vom Royal Automobile Club organisierten Rennen über 2 000 Meilen Sieger in seiner Klasse.

79 Pullman-Limousinen sind heutzutage überall verbreitet. Hier eine '85er Version, produziert von den O'Gara Coachworks in Südkalifornien. Dort ist es an der Tagesordnung, daß die Leute so einen Schlitten mieten, um zum Nachbarn zu fahren, sich etwas Kaviar auszuleihen.

81 1976 kam ein neuer Seville auf den Markt, der nicht recht wußte, was er eigentlich darstellen sollte. War es ein neuer Ansatz oder einfach ein gedemütigter Cadillac? Nicht einmal das verrückte Flipper-Ambiente kann ihn vor der Schmach retten.

83 Die Kabrio-Version des Coupé de Ville, deren Produktion im Frühjahr 1976 eingestellt wurde, symbolisiert auch heute noch wie kein anderes Modell die schiere Freude am Besitz.

85 Wenn im Windkanal Rauch als Indikator für aerodynamische Eigenschaften dient, so ist auf der Straße Schnee der Indikator für Stromlinienführung. Das Diagramm dieses leicht bestäubten '67er Coupés kann sich durchaus sehen lassen.

87 Es gab eine Zeit, da war es möglich, einen Cadillac zu besitzen, auch wenn man sich keinen richtigen Cadillac leisten konnte: Man kaufte einen La Salle. Der bot sich übrigens auch für Leute an, die das Understatement lieben. Das Modell von 1940 war eines der letzten aus der Serie der Volks-Cadillacs.

89 Der Hersteller mag dieses Modell des '82er Seville als „Vollkabriolett" bezeichnen – ein Klappverdeck, das sich nicht aufklappen läßt, ist nichts weiter als üble Scharlatanerie.

91 Die Front des La Salle von 1939, hier törichterweise um zwei Zusatzscheinwerfer „angereichert", ist vielleicht eines der schönsten Beispiele für amerikanisches Industriedesign der Vorkriegszeit.

93 Ein Automobil kommt nicht ohne Reserverad aus, doch beim Fleetwood von 1927 wurde aus der Not eine Tugend gemacht. Die Fleetwood-Produktion dieses Jahrgangs umfaßte insgesamt achtzehn verschiedene Karosserieaufbauten, hergestellt von nicht weniger als vierzehn Firmen.

95 Fortschritt, das wissen wir nur allzugut, bedeutet nicht unbedingt Verbesserung; man betrachte die Stoßstange dieses Kabrios von 1941: Eine wahre Tragödie, daß es so etwas nicht mehr gibt!

97 Harley Earl war seiner Zeit immer voraus gewesen, und so ließ das autohungrige Publikum sich auch kaum von der Tatsache beeinträchtigen, daß dieses '46er Modell sich seit seiner Erstproduktion im Jahre 1942 nicht geändert hatte. In seinem breiten, horizontalen Kühlergrill deuteten sich bereits zukünftige Entwicklungen an.

98 Mit Begriffen wie „unnachahmlich", „beispiellos" oder „extragalaktisch" läßt sich die Gestaltung der Heckpartie bei den verrückten Klassikern von 1959 kaum angemessen beschreiben. Das Design der spiegelblanken Chromflächen scheint Versailles Konkurrenz machen zu wollen.

99 Das V steht natürlich für V8-Motor. Das Firmensignet mit seiner heraldischen Entenparade ist das Familienwappen von Antoine de la Mothe Cadillac, einem Adligen aus der Gascogne, der im späten siebzehnten Jahrhundert Detroit gegründet hatte.

101 Ein Zweiklassen-Modell von 1938: Die perverse Freude bei diesem Typ von Chauffeurlimousinen bestand darin, daß sie die Besitzenden und die Habenichtse so strikt voneinander trennten. Während der Fahrer Kälte und Nässe ausgesetzt war, konnten seine Herrschaften im komfortablen Wageninnern über sein Wohlbefinden diskutieren.

102 Harley Earl wurde zwar engagiert, um den La Salle zu entwerfen, aber auch bei diesem Cadillac Roadster von 1927 mit seiner Zwei-Farben-Lackierung kam sein Einfluß als Stylist zu Geltung.

103 Ein Fahrzeug für den gehobenen Anspruch einer exklusiven Klientel, wie ihn nur ein Harley Earl zu befriedigen wußte: Zwei-Farben-Anstrich, Weißwandreifen, schnittige Flügelfenster – und ein Hauch von Flechtwerk auf den Türen als kleines Extra.

105 Was die Firma Cadillac ihren Wagen wegnahm, fügten manche wildentschlossenen Ästheten wieder hinzu – und zwar gleich doppelt und dreifach! Diese verrückte Nachschöpfung eines Custom Ranch Wagon von 1964 macht deutlich, wohin die Reise gehen soll: Endstation Sehnsucht.

106 Allein seine Kühlerfigur – ein wahres Kleinod – machte diesen La Salle von 1931 begehrenswert; das wird man sogar bei Rolls Royce zähneknirschend zugegeben haben.

107 Die Ventilationsschlitze an diesem La Salle Town Coupé von 1932 setzten sich sehr schnell als typische Kennzeichen von Luxuswagen durch; Jahre später wurden sie – in abgewandelter Form – zum stilistischen Markensymbol von Buick.

109 Damals gab es noch Giganten auf der Erde, und die ließen sich gleich reihenweise im gähnenden Kofferraum eines '59er Fleetwood verstauen.

110 1974 war die Eldorado-Produktion zwanzig Jahre alt und genauso legendär wie das Land, nach dem sie benannt wurde. Mehr als irgendein anderer Wagen symbolisierte das Eldorado-Kabrio einen way of life, in dem es eigentlich nur zwei Probleme gab: Ungeziefer im Garten und schlechter Mundgeruch.

111 Manchmal, wenn ein Urlaub sich schlecht anläßt, empfiehlt es sich, einfach den Kopf ins Maul des angeschlagenen Wagens zu stecken und auf das Beste zu hoffen.

113 Von der ausgefallenen '57er Kabrio-Version des Eldorado Biarritz wurden insgesamt nur 1 800 Exemplare produziert. Mehr als irgendein anderer Cadillac reflektierte dieses Modell die stilistischen Effekte von Harley Earls exzentrischen und phantasievollen Versuchswagen wie etwa dem Bonneville von 1954.

115 Egal, was zu Hause alles schiefläuft – ein Paar '55er Coupé de Villes, vor der Haustür geparkt, das sorgt für das nötige Ansehen bei der Nachbarschaft.

116 In der Lichtjahre entfernten Galaxis namens Long Island gibt es einen Mann, der es sich zur Lebensaufgabe gemacht hat, alle Cadillac-Modelle des schicksalhaften Baujahrs 1959 zu sammeln. Sorgsam gehütet und gut bewacht, erfreuen sie sich bester Gesundheit.

117 Es scheint durchaus denkbar, daß die kolossale, pufferverstärkte Frontstoßstange der Modelle von 1953 genausoviel wog wie der gesamte Karosserieaufbau des Honda CRX.

119 In den Fünfzigern jagten die P-38-inspirierten Caddies in die Stratosphäre, wurden zu Jets und schließlich zu Raumschiffen. Seit der Klimax von 1959 gehört diese Vision ein für allemal der Vergangenheit an – genau wie die Restaurants in Speisewagenform und die Tankstellen, wo man Straßenkarten umsonst bekam.

121 1954 war nicht nur für Cadillac, sondern auch für den Vergnügungspark auf Coney Island ein gutes Jahr. Aber wenn man heute beide vergleicht? Dieses Coupé de Ville scheint sich jedenfalls besser gehalten zu haben.

122 Eine bestimmte Subspezies von Cadillac-Kennern läßt nur die Wagen aus den Vierzigern gelten, wie dieses '48er Klappverdeck-Modell oder das freischwebende '41er . . .

123 . . . ein auto-erotisches Paradies, wo alles möglich ist: Aus dieser Sammlung von Vor- und Nachkriegshelden hat jemand eine gewinnbringende Spezialität gemacht.

124 Selbst ein Spielzeug-Caddy ist mit jener überwältigenden Aura behaftet, die den großen Bruder auszeichnet.

125 Cadillac-Impressionen am Fahrbahnrand: ein glänzender '62er, ein verwelkter '41er, ein eingebeulter '64er und ein imposanter '60er. Kurzer Halt oder der Anfang vom Ende?

127 Gestutzt, beschnitten, sauber geparkt – der Sedan de Ville mit Vorderradantrieb, Baujahr 1985, erinnert auf drastisch verkürzte Weise daran, daß nichts ewig währt.

128 Für lange Zeit war der Cadillac das einzig Wahre. Was immer ihm die Zukunft bescheren wird: Das Firmensignet und seine symbolträchtige Bedeutung sind Bestandteil der amerikanischen Psyche geworden.

129 Eine '85er Limousine, eine Gartenanlage in Florida und du neben mir in der Wildnis: Die süßesten Träume vergehen nie.

131 Und Gott sprach: „Es werde Cadillac . . ."

ENDE